인생의 여정

인생의 여정

이원문 시집

책나무출판사

목차

1부

2부

3부

4부

• 1부 •

서울 가는 길

무엇을 보고
못 보았다 할까
구경은 옛날
지금도 구경일까

끄을린 길거리에
벽에 붙은 것 많고
하늘부터 뿌연히
들어서자 숨 막힌다

저 많은 길 길모자라
땅속으로 다니는 길
시루안의 이 많은 사람
누구네 집 찾아 가나

겨울 추억

냇둑 양지에 녹아 내린 들녘의 하얀 눈
눈 부시게 바라보며 발자국 남겨 보고
훔쳐온 부뚜막의 성냥 주머니에서 꺼낸다

연기 자욱히 냇둑 태우는 아이들
봇물 얼음에 썰매 타는 아이들
모닥불 피우며 불 장난 하는 아이들

친구 썰매 빌려 타고 물에 빠져 우는 아이
모닥불에 옷 태우고 집 못 간다 우는 아이
젖은 양말 말리다 다 태웠다 우는 아이

즐거움에 근심 걱정 누가 울고 누가 웃나
해 기울어 썰매 들고 집에 가는 아이들
남아서 우는 아이 저녁연기 바라본다

운명의 들꽃

어느 새의
분뇨인가
비가 내려도
씻기지 않고
찾아온 벌 나비
다른 꽃에 앉는다

아가의 설

아가야 울지 마라
이 에미 바쁘단다
너와 함께 있을 시간이 없어
부엌으로 방앗간으로
해야 할 일이 많단다
오늘이 그믐 초하루인 내일
줄줄이 작은 집 너의 외갓집
손님 많이 오는 날 무엇을 차려야 하니
우리 아가 울지 말고 혼자 놀고 있어

혼자 놀으려므나 우리 막둥이
울다 지쳐 잠이든 우리 아가
잠에서 깰까 문 살짝 닫아놓고
손님 맞이 음식 준비 무엇부터 해야 하나
아궁이에 불 붙여 끓이고 데치고
부침게에 차례상 준비 손이 모자란다
늦으막히 모여드는 둘째 셋째 작은 집 식구
핵꾜(학교) 많이 다녔다는 저 동서들
뭐시깽이가 그리 잘 났다냐 늦게온 주제에
시늉으로 때우는 일 숯 검댕이 좀 묻으면 안 되나

나는 못 배웠으니 묻어도 괜찮고
나도 친정 가면 우리 엄마가 손에 물 못 묻히게해

늦게온 동서의 말 한마디 저 버릇 못 고치나
다 모여든 식구들 정신 하나도 없고
아이들 싸움에 더 정신이 없다
어머니 없는 빈 자리
내일이면 그 미운 시누 아이들 데리고 오겠지
그렇게 무시 하며 시집 살이를 얼마나 시켰나
그도 저도 다 지나간 짖꿎은 세월
때때옷 입은 우리 아가 설   도 모르고
옥춘사탕 입에 물고 빨건 입에 보채댄다

허공의 설

서있는 여기의 나
무엇을 바라보나
보이는 하늘 그대로
구름 흐르고
마음도 구름 따라
함께 흘러 가는데

서있는 여기의 나
무엇을 바라보나
저 허공에 모은 세월
하늘 높이 흩어지고
보이는 산 멀리
그늘져 저무는데

까마귀의 설

누가 찾아 오려나
아침 나절 문밖 까치에 기다림이 있었는데
저녁 해 기울도록 아무 소식이 없구나
멀리 우는 까마귀 울음 가까이 들리는 듯
설날이라 하니 저 아이들 뭐 그리 좋은가 아니 좋겠지
바라보는 이 늙은이가 주책이라 그렇지

깜짝이야
내 저 아이들에게 뭔 욕심을 낸다더냐
세월이 부끄럽고 그 욕심도 아니것만
나도 모를 이 늙은이 아이들 짓에 무엇을 바라보나
늙었어도 이 몸 끌고 동네 한바퀴 돌고 싶고
춘삼월 친정 동네 찾아 나물 케고 싶어라
그렇게 할 수 있을까 까마귀 날아오면 묻고 싶구나

초이틀

선달 보름 손가락에 접힌 식구들
첫 번째 손가락의 손주 놈 얼마나 컸나
보름 지나 하루 하루 기다려온 시간
그렇게 늦더니 오늘이 초이틀인가

초하루에 시끌버끌 떠나니 홀가분 하고
한편으로 썰렁 하니 마음 쓸쓸하다
그래도 그믐 무렵 기다려지는 식구들
보따리에 에미 마음 잘 가지고 가는지

수탉의 고향

굴뚝 모퉁이에 우리 집 닭장
지붕 엉성하니 빗물 새어 내리고
이그러진 문 열어주면
날개 짓 하며 마당으로 뛴다

쫓으면 깃 세우며
덤비는 우리 수탉
누가 암닭 빼앗을까
의심 많은 우리 수탉

붉은 옷에 더 화난
응큼한 우리 수탉
못본 척 딴청 피다
돌아 서면 덤벼 쏜다

24시

하루라 하는 그 시간이 어떻게 쓰여지나
아무 것도 모르는 잠든 시간 덜어놓고

길고 짧다 빠르고 느리다
24시 안 이 시간은 누구의 시간인가

덧셈 없는 뺄셈의 24시
뜬 눈도 그 시간에 속아서 살아 간다

타향의 설

한 잔 술에 들어온 집
아무도 없고
겉치레의 몇일 친구
이 마음을 헤아릴까

날으는 새 물고기도
제 놀던 곳이 좋다 하는데
딛는 길 보이는 것이
고향만이나 하고

이 눈 녹고 봄이 오면
찾아 가고 싶어라
찾아가 보리밭 앞 개울 들려
찔레순 한 줌 꺾어 나눠 먹고 싶어라

설의 봄

빨래터에 얼음 덩어리 떠 내려 가는 날
버들강아지 꽃 피워 쌓인 눈 녹이겠지
그날이 언제일까 보름지나 며칠일까
짚어 보는 설의 봄 얼음 속에 귀 기우린다

개구리의 추억

논 가운데 개구리 떼
니끼에 숨어 울면
작은 개구리 큰 개구리업고
수줍어 바라본다

나부끼는 보리밭
냇가에 아이들
미나리 뜯는 순이 동생
돌 던져 울리고

냇둑 길 오르며
부르는 노래
삐레기 삼만리
우리 울 밑 멀어진다

애정의 양지

우리 그날 먼 훗날은
여기에 와 있는데
징검다리의 그리움은
어디에 있는지

무슨 말을 해야 할지
이 징검다리 믿었던 날
그 꽃이 잡아준 손
아직 지우지 않았겠지

어머니의 일기장

다 그렇게
왔다 가는 것
열흘 갈 꽃이 있고
가득찬 달이 보름을 넘을까

우렁이 껍데기
매미 껍데기 되는 몸
낳아 길러보니
섭 오르는 누에 같고

웃음 잃은 백발 되니
밤도 낮도 싫더라
그래도 욕심이라
뒤 돌아 보는 몸

세월이 부끄러워
늙은 행세로 가리고
말 안 듣는 몸 끌고 보고 들으니
귀 닫고 눈 감아야 속이 편안 하더라

냉이의 양지

계절인가 싶어 보면
그 볕이 아니고
봄인가 싶어 보는 언덕
쌓인 눈 그대로다

아직은 겨울 바람
봄 바람 섞인 듯
불어도 그리
날카롭지 않고

양지의 냉이 싹
어느덧 파랗다
겨울 양지의 봄은
절기에 숨어 오나

언덕 눈 속 달래는
알고 있는지
바구니 찾는 아이
마음 설레인다

꽃의 그림

이 그림을 다 어떻게 그릴까
세월의 물감 찾아 기억의 붓 꺼내고
덧칠은 시간 섞어 더 짙게 칠한 다음
모은 별 뿌려가며 그렇게 그릴까

더 그려야 할 그림은 어디에 넣을까
추억 따라 가는 길 식어간 시간
희미한 그 모습 노을 위에 올리고
정 하나의 그 꽃은 더 하얗게 칠할까

소녀의 일기

이 꽃에서 눈 떼면
무엇을 바라보나

기억 아닌 기억들
징검다리 건너고

저 산 언덕 찔레꽃
함께 있자 손짓 한다

추억의 졸업

시오리 길 6 년이
오늘로 마지막인가
여덟살 배기 이 가슴에
콧수건 달고 가던 날
봄바람에 시려워도
너무 멀어 싫어도
6 년의 책보자기에
인생이 묶였었다

개울 건너 시오리
고무신이 몇 켜레였던가
눈 비에 비료 포대 뒤집어지던 날
개근상의 그 꿈 변치 않았다
질러 가는 논길로 마루턱 샛길로
참외밭 길 오이밭 길
집 가까이 가지밭 길
뽕나무밭 그 뻐꾹새 아직도 울겠지

아버지의 봄

이렇게 빠른 것이
시간이고 세월인가
사랑방에 오던 이들
발 끊은지 오래된지라
며칠 후 보름명절

이 보름 지나면
씨앗 찾아야 하고
논 밭 정리에 쥐불 놓아
해충 없애야겠지
바라보는 논 밭 일만 가득 하구나

징검다리의 봄

이 삐뚤은 징검다리
누가 바로 놓을까
얼어 붙은 징검다리
얼음 녹아 내리고
들리는 물소리
그 물소리가 아니다

흩어진 돌 바라보며
모여든 아이들
이 기울은 징검다리
누구의 손이 닿을까
양지 녘 달래 냉이
아직 잠든 꿈속인데

• 2부 •

노을의 그리움

그리움으로 남아야 할
잃어버린 시간들
인연이 부끄러워
눈을 감았고
처음의 날 못 잊어
그 곳을 찾았다

이제 기억 멀리
멀어지는 것인가
노을에 젖어드는
그 아름다웠던 날
둘만의 시간 찾아
어둠으로 가린다

부지갱이의 봄

으스라니 찬 바람
옛 생각에 시렵다
봄 석양에 해 넘이
참을 수 없었던 날
불어 오는 그 바람
지금은 참겠나

끼니 잃고 맞는 바람
서러움에 마음 잃고
아궁이 앞에 앉아도
등짝이 시려웠다
타들어 가는 부지갱이의 봄
몸도 마음도 모두 시려웠다

열나흘

오늘이 열나흘
우리 집 마루에 누가 다녀 갈까
걸린 체 내려놓고 밤 새우던 날
전설이 무서워 신발 거둬 감추고
눈썹 하얄까 뜬 눈으로 밤 새웠다

오늘이 열나흘
다듬이 방망이로 호두 깨는 밤
우리 집 오곡 밥 누가 훔쳐 먹을까
우리 엄마 정성스레 솥 속에 밥 넣어놓고
인기척이 들려도 문 열지 않았다

보름의 추억

작년에는 날씨 흐려
보름달을 못 보았는데
올해는 맑으니 볼 수 있을까
학교 다녀 오는 길 미군 부대에 들려

울타리 안에 숨어 들어
잼 깡통 모으고
붙은 잼 핥으니
그맛 찾아 또 가고 싶다

쓰레기장에 버려진
널린 깡통 철사 줄
이만 하면 불 넣어
며칠 돌리며 놀겠지

성냥 딱지 성냥 골은
어디에서 구하나
부뚜막에 것 뜯을까
달걀 훔쳐 각성냥 살까

열나흘 보름달의 꿈
동산 위에 떠 오르고
앞 개울 논 둑길에
먼저온 동무 불 피운다

기억의 별

저 곳 저 먼 별은
어머니의 별이고
어머니 등 이 별은
나의 별이다

어머니 등에 업혀
밤 하늘 보던 날
나뭇가지 위 초승달도
함께 바라 보았다

보름의 양지

뜨락 돌 틈 몇몇 방초 때를 아는가
마당 훑은 회오리바람 미루나무 흔들고
까치 집 앙상하니 허공을 젓는다
이곳 이 양지 여름날 얼마나 뜨거울까

지금은 따뜻하니 이렇게 좋은 것을
먼 산 멀리 바라보면 볼 수록 먼 옛날
이 머리 위 높은 하늘 내일이 있을까
응달 녘 하얀 앞 산 삼월을 기다린다

보름달

누구의 마음이 저 달에 들어 있나
지난 세월에 할머니의 마음
타향살이 서러움에 나그네의 마음
그리워 보는 이 뉘우침에 보는 이

시집 살이 끝 없어라 장독대의 며느리
근심의 새댁 초승달은 안 그런가
달 속에 그려 보는 어머니의 모습
찔레꽃도 그 한 몫 저 달을 바라본다

밥

생명의 쌀 한 톨
한 주발에 세 끼니
세상의 것이
여기에 다 들어 있다

그 밥 한 주발은
생명의 약속
누가 먹고 못 먹고
울고 웃었나

많아도 적어도
싫어도 좋아도
가지 많은 밥 한 주발
모든 것은 먹고난 다음

봄 생각

흰 눈의 하얀 기슭 아직 겨울인가
절기의 봄 나물 쌓인 눈에 덮혀 있고
양지 녘 나뭇가지 자라는 움 다르다
겨울이어도 때 맞춤은 봄을 알고 있나
조바심의 겨우살이 돋는 듯 흙 가른다

그리움의 봄

그날도 있었다
그런 날도 있었다

잊을 것이 있다면
더 무엇을 잊어야 하고

잃은 것이 있다면
무엇이었나

황혼의 찔레꽃
봄 바람에 날리는 날

그 하얀 꽃잎 모아
뿌리고 싶어라

소꿉의 노을

친구야 어디에 있는지
가물대는 너의 모습
이제 그마저 지워졌어
우리 울 밑 개나리만 노랗게 피어 있고

너는 나를 기억 하겠지
내가 기억 하는 우리 울 밑 개나리 처럼
어디 그것뿐이겠니 그 소꿉 놀이
기억이 부끄러워 나 말 못 하겠어

네가 할 수 있다면 그 이야기 해주겠니
우리 둘이 어떻게 하고 놀았지
모래 밥 제비꽃 떡 냉이국에 쑥 찧은 반찬
그리고 나는 남자 너는 여자였지

너와 내가 밥 지으며 불렀던 이름
그것이 뭐 그리 부끄럽겠니
그 이름 너의 그리움에 꼭꼭 숨었어
찾아도 부끄러워 이제 못 부를 것 같고

사금팔이에 놓인 그 양지의 진수성찬
우리 다시 찾아가 밥 짓고 국 끓일까
반찬은 내가 냉이 쑥 뜯어 올께
오늘도 그 양지의 봄 노을에 젖는구나

고향의 꽃

너무 흔했었기에 무심코 지나친 꽃
늘 보아 왔기에 관심이 없었던 꽃
몇 가지 꽃 이름에 묻어 갔던 날
많으면 밟히고 적으면 외로웠던 꽃

어느 곳 할 것 없이 그렇게 피었던 꽃
모양새 다 다르고 크고 작았것만
누구 하나 관심 있게 보아주지 않았던 꽃
그래도 나름대로 다 예쁘게 피어었다

어렴풋 이 가슴에 하나 둘 보이는 꽃
산으로 들로 언덕배기로 냇가로
지금은 찾아도 찾을 수 없는 꽃
미안한 계절 따라 기억에 담는다

봄 나물

바구니 든 아이들 언제 오려나
문간 밖 할머니 아이들 기다린다
달래를 케오려나 냉이를 케오려나
내가 좋아 하는 씀바귀를 케오려나

봄 바람에 시려워도 기다리는 할머니
내 뜯은 쑥은 내일 쑥 버무림 해먹고
아이들 들어 오면 달래 냉이 어떻게 할까
씀바귀 케러 간 아이 더 기다려진다

서녘의 봄

머리 위 중천의 해는 보기 쉽지 않았는데
해 기우는 서쪽 멀리 바라 보아진다
바람 쓸쓸히 오늘도 저무는가
둥지 찾아 오는 길 발걸음 무겁다

안개의 강

이 강 건너는 이 누구요
누구의 사연이 강물 따라 흘러 가나

사공은 나룻터에 배 묶으러 가는데
저 사연 누가 잡아 묶어 줄 수 없는지

강 언덕 서쪽 하늘 석양에 노을지고
흐르는 강물 노을을 잃는다

교훈의 봄

마음을 모으는 이 양지 녘
조용한 이 시간 무엇을 가르치나

바닥 훑는 회오리 바람에서
주머니를 배우고

돋는 움 새싹에서
삶을 배웠다

아침 나절 허기에
부족함을 배우고

그 잠깐 단몽에
내일을 배웠다

들리는 새 소리에서
세상의 소리 듣는 법을 배우고

아지랑이 아롱아롱
먼 훗날을 배웠다

산 넘는 저 조각 구름
어디로 흘러 가나

저 구름 바라보며
인생을 배우고

흐르는 물 소리에서
세월을 배웠다

이 자리의 나 누구요
어디서 왔다 어디로 가나

넘는 해 기울며
어둠을 가르친다

운명의 봄

건너는 이 징검다리
다시는 못 오나
봄바람 부채질에
찔레꽃 떨어지고
나부끼는 보리밭
뒤 돌아 보지마라 한다

그래도 누가 볼까
뒤 돌아 보는 한 번의 집
살구꽃 복숭아꽃
눈에서 멀어지고
들리는 아이 울음
이 가슴을 찢는다

늙은 봄

타향 살이로 보낸 세월
그 눈물 마르고
마른 눈에 보는 하늘
고향 바람이 아니다

골목 마다 속 다른 이
누가 나와 함께 할까
채이고 채이는 몸
거칠고 거친 세상

가뭄에 고향 개울
그 물만 마르겠나
메마른 인심에
견뎌온 세월

주눅에 마주 본 이
내 주머니 어디 갔나
서러움에 감춘 눈물
고향 울 밑 가자 한다

떠나는 겨울

먼 산 뿌연히 붓으로 칠한 듯
가까이 본 나무는 그렇지 않은데
나뭇가지 물 올리느라 저리도 뿌연가
새싹 돋기에는 아직 이른 봄
커져 가는 움 하루가 다르다

바람은 안 그런가
무뎌진 바람 타고 가는 겨울 오는 봄
누가 이 계절을 엿듣고 들여다 볼까
바람 소리 다르고 물소리 다른 봄
저녁은 겨울이고 한낮은 봄이다

아래 역

봄날에 살구나무
무궁화 고목도 있었다
늙은 향나무 까막히 끄을리고
역 초소 밖 역 아저씨
이리 저리 살피는 모습도 보였다

가을날 코스모스
고목에 끄을린 무궁화꽃 몇 송이
여름 비 겨울 눈에 더 쓸쓸하지 않았나
바람이라도 불면 휭하니 더 추웠고
지금도 그 사연 그 철길 바라본다

• 3부 •

파도의 봄

밀려온 그 이야기
다시 휩쓸고
써놓은 두 글자
또 지운다

불어 오는 바람
무엇을 지워 줄까
조개 소라 껍데기
그날을 잊는다

어린 시절

섬에서 산골로
그 바다 두고 오던 날
멀어지는 오막살이로
되 돌아 가고 싶었고
모래뭇으로 달려가
두꺼비집도 지어 주고 싶었다

들어온 산골 마을
가로 막힌 앞 뒷산
보이는 것은 하늘뿐이었고
좁디 좁은 냇가에 다랑이 논 밭
그 보릿고개 넘으며 얼마나 울었나
넓은 것은 마음의 고향 바다뿐이었다

미나리의 일기

오늘은 미나리
개울 따라 오르면
얼마나 뜯을까
둑 언저리에 돋은 풀
마디 미나리 감추고
노란 민들레 아이들 기다린다

조용한 개울가
가녀린 새 소리
듣던 새 소리 어디서 우나
바구니에 담아도 끝이 없어라
새 소리 담으며 개울 따라 오르니
어느새 우리 울 밑 더 멀어진다

보리밭의 달

저 보름달의 계수나무
구름이 가릴적에
보름의 보리밭
아무 것도 안 보였다

고향 집

이웃 집 빈 터에 우리 집 기울고
할머니네 기왓장 이리 저리 널려 있다
쓰러진 담 그 돌맹이 누가 모았나
어서 본듯한 무늬 돌 반기고
나 놀던 울 밑 복숭아 나무 외롭다

이 곳이 나 자란 우리 집이었나
더듬는 기억에 어머니 얼굴 떠 오르고
무너진 담 우물둥치에 살구꽃 피어 있다
버려진 고향인가 찾아온 부끄러움인가
소꿉 놀이에 모아놓은 사금팔이 찾는다

빼앗긴 책보

그 때를 아십니까
그 날을 아십니까
잊어서도 안 되고
있어서도 안 됩니다

보릿고개 보다 더 길었던 날
학교 보다 들녘이 우선이었고
못 다닌 학교였으니
한글을 모를 수 밖에요

배우기 보다 배가 먼저였던 날
면사무소 가는 일이 제일 무서웠고
길 나서며 글 물어보는 것이
숯불 보다 더 뜨거운 얼굴이었지요

비 오는날을 기다려야 했던 날
지금의 철물점이 그날을 기억 할 수 있을까요
역사는 내일을 알고 있습니다
현재도 그날 처럼 처지가 바뀔 수 있다는 것을요

누나의 봄

소쩍새 소문 그대로
봄 바람에 실려 가고
흐르는 하늘의 구름
바구니에 담긴다

누가 볼까 소문 날까
찔레꽃에 숨긴 순정
이 바구니에 넣으면
우리 엄마 눈치 챌까

며칠 후 보리 패면
업을 띠로 숨기고
뽕나무 오디 검은 날
사랑 찾아 떠난다

병아리의 고향

노란 옷에 예뻤던 너
나의 사랑 너희들 행복 했었지
뜨락 쳇바퀴 안
물 한 접시 넣으면
한 모금 한 모금씩 올려 마시고

좁쌀 한 줌 넣으면
부족 하지 않았나
걱정의 학교 길 보고 싶었지
어미 닭 꼬꼬대며
너희 찾아 슬퍼 할 때

어미 품 그리워 얼마나 울었니
며칠의 뜨락 양지 많이 컸구나
이제 놓아 줄테니
어미 품으로 가거라
가서 개나리 울 밑 나들이 하거라

구름의 봄

네 흘러 가는 곳
넘는 산 그 곳뿐이겠니

우리 동네 보리밭
외딴 집 울 개나리
기슭에 진달래
찔레꽃은 어떻고

넘거든 꼭 한번 기억 해다오
나물 케는 우리 언니 바구니까지

소쩍새의 밤

믿었던 찔레꽃
바람에 날리고
보리밭 먼 하늘
조각 구름 산 넘는다

바람 불어 나부끼는 것이
저 파란 보리뿐이겠는가
보리밭에 숨은 순정
그 사랑 끝 없어라

들고온 바구니
집에 가자 졸라대고
호미 끝 사랑
소쩍새 기다린다

그리움의 꽃

빛 바랜 그리움
가까이 하면 보고 싶고
보고 싶어 그려 보면
멀어져 시들어진다

그리움은 추억에 잠들어야 하는 것인가
그리움이라 하기 보다 기억에 너무 먼 행복
그 아름다웠던 날에 사랑 했던 순간
이 봄날 구름 되어 그날을 찾는다

대장간의 봄

핵교(학교) 후문 떠돌다
대장간에 팔려가
빈 주머니 못 채우니
누가 나와 함께 할까

쥔 것 없고 가진 것 없으니
옳은 이야기도 그릇 되야 하나
달군 쇠 두드리는 망치의 세월
대장간 뜰에 피어난 꽃 쇳 가루에 덮히고

있고 없다 못 배웠다 괴롭힌 세월
대장간 그 꽃들은 알고 있는지
망치의 쇳 소리 메아리에 실려온다
이 가슴 한 곳에 까만 재만 쌓여 있네

어둠의 인생

보이는 이 것이 다 무엇인가
어두워 숨긴 것이 다 무엇이고

가리고 덮어도
가려지고 덮혀져도

보이고 싶어 보이는 것에
가려진 것도 있었나

시간이 걷어 내니 아니라 하고
한낮에도 아닌 것 드러날까 덮는 인생

달래의 언덕

작년 봄에 찾았던 곳
그 달래가 또 있었네
뼘마디 보리밭 보리 그렇고
못 올 줄 알았던 곳
내년에도 있을까
나 자란 저 아랫마을
개나리 울이 우리 집이고

개나리 핀 우리 울 밑
복숭아꽃 피면
자라며 보던 그 꽃이겠지
새삼 달리 보이는 나 자란 집
나도 이제 우리 집을 떠나야 하나
조금 더 있으면 진달래꽃 수놓고
오늘 여기 이 언덕 마지막 같구나

나룻터의 봄

봄 바람 순풍에 강 나룻터 출렁이고
작년 가을 떠난 낙엽 소식이 없다
낙엽은 강물을 강물은 세월을
인생도 한 번 가면 그만인 것을
뱃사공 노 저으며 무엇을 찾는가

강 언덕 바람 소리 강변의 물새 소리
사공의 오막살이 나룻터에 마중 오나
젓는 노 내려 나룻터 바라보니
해 기우는 석양의 강 노을에 젖는다

짠지의 봄

보릿고개 넘던 시절
그렇게 살았습니다

아침 밥 보리밥
저녁으로 메 차조 밥

보리쌀 항아리 소리나던 날
저녁으로 김치 죽이었고

콩나물 시루 바라보던 날은
건너 뛰어야 했지요

껄끄러운 메조 차조 밥
그것 조차 모자라니

싸라기 찧어 쑥 넣어 버무리고
뒷동산 무릇 케어 울궈 먹었지요

사발의 식은 덩어리진 보리밥
냉수 넣어 읏깨니 짠지가 반찬이었고요

그래도 여러 형제의 우리 어머니
우리 어머니는 배고프지 않았습니다

냇가의 봄

이른 봄 초여름
그 많은 꽃들
기억에 꽃 이름
다른 꽃도 많았는데

이름은 몰라도
크고 작은 냇가의 꽃
어느 꽃 만지면
손에 물들어 싫었고

건너는 징검다리
손 씻고 발 씻으면
저 앞산 진달래꽃
어떠 했었나

봄 그림

먼 들녘 가까이
아지랑이 아른대고
나뭇가지에 앉은 새
장독대 내려본다

문 밖 멀리
바구니 든 아이들
울 밑마다 개나리꽃
냇가에 피리 소리

복숭아 살구꽃
산자락 진달래
며칠 후 봄바람에
보리밭 나부끼면

아이들 검둥개와
징검다리 건너고
소 몰고 오는 아이
노을 맞이 하겠지

찔레꽃 하늘

떠난 길목 찔레꽃
벌 젓는 소리
하늘 멀리 그리움
구름 따라 흐르고

한 차례의 봄바람에
나부끼는 보리밭
운명의 이 마음
빼앗아 간다

말의 봄

겨울 옷 털어내고
못 털면 깎아 준다

주인 모르고 사는 놈들
마음은 온뉴월 나뭇잎 같고

엄살은 간난 아이의 응석이라 할까
잘 해주면 배신 하고

벌 준 것만 기억 하여
오랫동안 갖는다

눈치 빨라 사람의 마음을 읽는 놈들
겁은 그리 많어 구르는 가랑잎에도 놀라는지

사랑은 일등 누가 모를까
먹을 것 못 참고 웅고집에 싸움 꾼들

• 4부 •

양지의 봄

새싹 파릇파릇
숨어 오르고
벌레 하나 둘
거미부터 움직인다

하루가 다른
눈 속임의 생명들
왔다 가는 것을
어떻게 아는지

숨어 가고 숨어 오고
시간과의 약속일까
아무도 모르게
어두워도 찾아온다

개미의 길

돌아보는 길이
욕심의 것이었다면
그 운명은
마음의 것이 아니였나요

가야 할 길은
팔자의 것이고요
무엇이 놓여있든
그것은 하늘의 것이겠지요

다 잃어버린 날
꿈이었다면
놓여질 내일은
그날의 것이 아닐런지요

나이의 양지

내 나이 몇 살이지
새삼 묻는 나의 나이
한 살은 왔다 갔다
그런대로 알겠는데

조금만 올려도
억울한 세월
많이 깎아 내리니
자신에게 부끄럽다

비웃는 저 흰구름
줄여도 이 양지는
그대로 믿어 줄까
줄여본 나이 봄바람이 빼앗는다

개구리의 밤

열나흘에 보름달
달도 밝구나
허전한 마음에
문 밖 나가 둘러보니
앞 논에 개구리 울음
그칠 줄 모르고
들어와 누워도
그대로 처량 하다

휘영청 저 달이
앞 논만 비추겠나
그래도 못 믿어
장독대 둘러보니
열어본 간장 항아리에
또 하나 떠 있고
올려본 달에 계수나무
친정 집 그려준다

섬마을

나 자란 우리 섬
파도 소리 쓸쓸하고
밀물에 왔다 가는
고깃배 멀어진다

드러난 이 갯벌
주인이 누구인가
우리 엄마 나 부르며
달려 오는 듯

갯벌에 엄마의 꿈
밀물에 덮히고
따라온 갈매기
바위섬 맴돈다

보리밭의 여운

바람에 찔레꽃잎 떨어지던 날
노을 진 보리밭에 아무도 없었다

바람이 눕힌 보리 누가 세울까
누운 채 영글던 날 앵두도 익어 갔다

바위 언덕

나 어릴 적 아주 어릴 적에
이곳을 지나면 눕고 싶었지
찾아온 봄 혼자서 오르노라면
진달래 그리고 무서운 할미꽃
친구의 이야기로 무서웠던 할미꽃
그 할미꽃이 왜 그리 미웠던지

진달래꽃 따 먹으며
한 아름 꺾어 쥐고
누가 불러 보랬나
노래한 번 불러보고
부르고 나면 혼자 부끄러웠지
바위 아래 핀 이름 모를 꽃들

둘러보는 산자락마다
수놓은 진달래꽃
언덕 멀리 바라보면
그리움 다가 오고
보이는 들녘에 파란 보리밭
큰 한숨에 봄바람 가슴에 담았었지

운명의 3.10

독립선언 백년 후
일곱 해되는 날
3.10 봄날은
그렇게 잘려졌다

찬성이냐 반대냐
탄핵의 대통령
박근혜 대통령님
무엇을 잘못했나

허공의 하늘
물을 내려보고
보였던 물
하늘을 올려본다

백년의 약속

보냈으니 나왔고
나왔으니 가야 하나
찾아도 없고
주머니에도 없는 백년
점지어 내보낼 때
어디에 숨겨 줬나

그 백년도 안 되는 인생
이렇게 가까운것을
믿어온 그 백년
숨긴 곳이 어디인가
속임수에 나와 모르고 닿은 길
그 백년 못 찾고 그냥 가야 하나

봄꽃

그 많았던 꽃 이름
어떻게 다 기억할까
기억에 있으면 이름을 모르겠고
이름을 알면 기억에 없다

외로움에 찾았던 꽃
슬픈날에 바라본 꽃
기쁘고 즐거운 날에 앞산 진달래
들에서 바라보는 우리 울 밑 개나리

학교 길 냇둑 길
그냥 지나친 희미한 꽃
기슭에 외롭게 핀 처음의 찔레꽃
그 찔레꽃 지금도 못 잊는다

할미꽃의 꿈

엄마가
이병만 낳으면
돌아오는 장날
신발 사주고
옷도 사줄께

그리고
순대국집 가서
순대국 사먹자
이 물 그릇 내가고
동무들과 놀으렴

봄의 소리

징검다리 건너며
귀 기우려 들으면
봄 맞이 송사리 떼
노래 하는 것 같고

우리 울 개나리 밑
슬며시 엿보면
병아리 봄 소풍에
어미 닭 노래 한다

앞산 자락 진달래
나물케는 아우성
피리 불며 바라보면
언니들 노래 같고

들리는 새소리에
산 넘는 구름 보면
우물둥치의 할머니
수심에 신세 타령이다

봄의 달

열나흘 보름달에 옛날이 들어 있다
계수나무 바라보면 언니들 나물 케고
구퉁이로 토끼 앞 진달래 개나리
계수나무 밖으로 파란 보리 나부낀다

혼자 찾던 찔레꽃 그 찔레꽃은 없겠나
냉이꽃 민들레 흰 점박이 벚꽃 기슭
냇둑 길 언덕배기에 노란 들꽃 하얀꽃
뜨락 돌틈에 한 포기의 제비꽃도 피어 있다

보리밭의 여운

냇둑 길 따라 보리밭 가는 길
징검다리의 삐뚤은 돌 몇 개 놓였었나
덩그러니 까치집 봄바람에 쓸쓸하고
걷는 길 돌아보면 아무도 없다

목련

네 하얀 목련
네가 피기를
너의 꿈 처럼
나의 꿈도 묻었다

네 하얀 잎
떨어지는 날
멍든 잎이어도
떠나지 않으련다

봄날

걷힌 안개에 들어난 들녘인가
아지랑이 아롱아롱 보리밭 스쳐 오고
없던 구름 한 조각 산을 넘는다
찔레꽃 피기에는 아직 이른 봄
울타리 마다 노란 개나리는 누구의 봄인가

길가의 민들레꽃에 멈춰진 발 걸음
저 앞산 진달래꽃이 얼마나 더 물들일까
달래 찾는 아이 냉이 케는 아이
바람 불어와 가슴 깊이 스며들고
석양에 진달래 더 붉게 물들인다

기도의 봄

네 흰 구름 산 넘거든
나 여기에 있다 알려주렴

나부끼는 보리밭
흩어진 마음 모아주고

내일을 모르는 나
어느 꽃이 피어 줄까

피거든 지지 말고
이 마음에서 피어주렴

파도의 사랑

봄 바다가 모으는
못 잊을 그날인가
바라보던 둘만의 섬
더 먼 곳에 멀어지고

이 자리에 묻은 약속
파도에 휩쓸린다
함께 쌓은 모래성
줍던 조개 소라의 꿈

어느 곳에 묻었나
찾아도 흔적 없고
이제 잊어야 할
미련 따라 돌아선다

시간의 양지

세상이 나를 버린 것은
내가 나를 잃은 것이고
내가 나를 잃은 것은
세월이 나를 버린 것이다

머물지 못하고 가야 하는 길
운명이라 하는 것이 이런 것인가
흘리고 버려도 함께 가자 따라 오고
따라와 그 단몽에 다 지워진다

인생의 여정

초판 1쇄 발행 2023년 8월 14일

지은이 이원문

펴낸이 임병천
펴낸곳 책나무출판사
출판신고 2004년 4월 22일 (제318-00034)

주소 서울시 영등포구 신길3동 325-70 3F
전화 02-338-1228 **팩스** 0505-866-8254
홈페이지 www.booktree.info

ISBN 978-89-6339-699-6 03810